UNIVERSITÉ DE FRANCE

AGRÉGATION DES FACULTÉS DE DROIT

CONCOURS DE 1896

COMPOSITION

DE

DROIT CRIMINEL

Faite en 7 heures, le 25 septembre 1896

PAR

Louis DEBRAY

DOCTEUR EN DROIT

LAURÉAT DE LA FACULTÉ DE PARIS

Chargé de Conférences à la Faculté de droit de Paris.

PARIS

V. GIARD & E. BRIÈRE

LIBRAIRES-ÉDITEURS

16, rue Soufflot, 16

1896

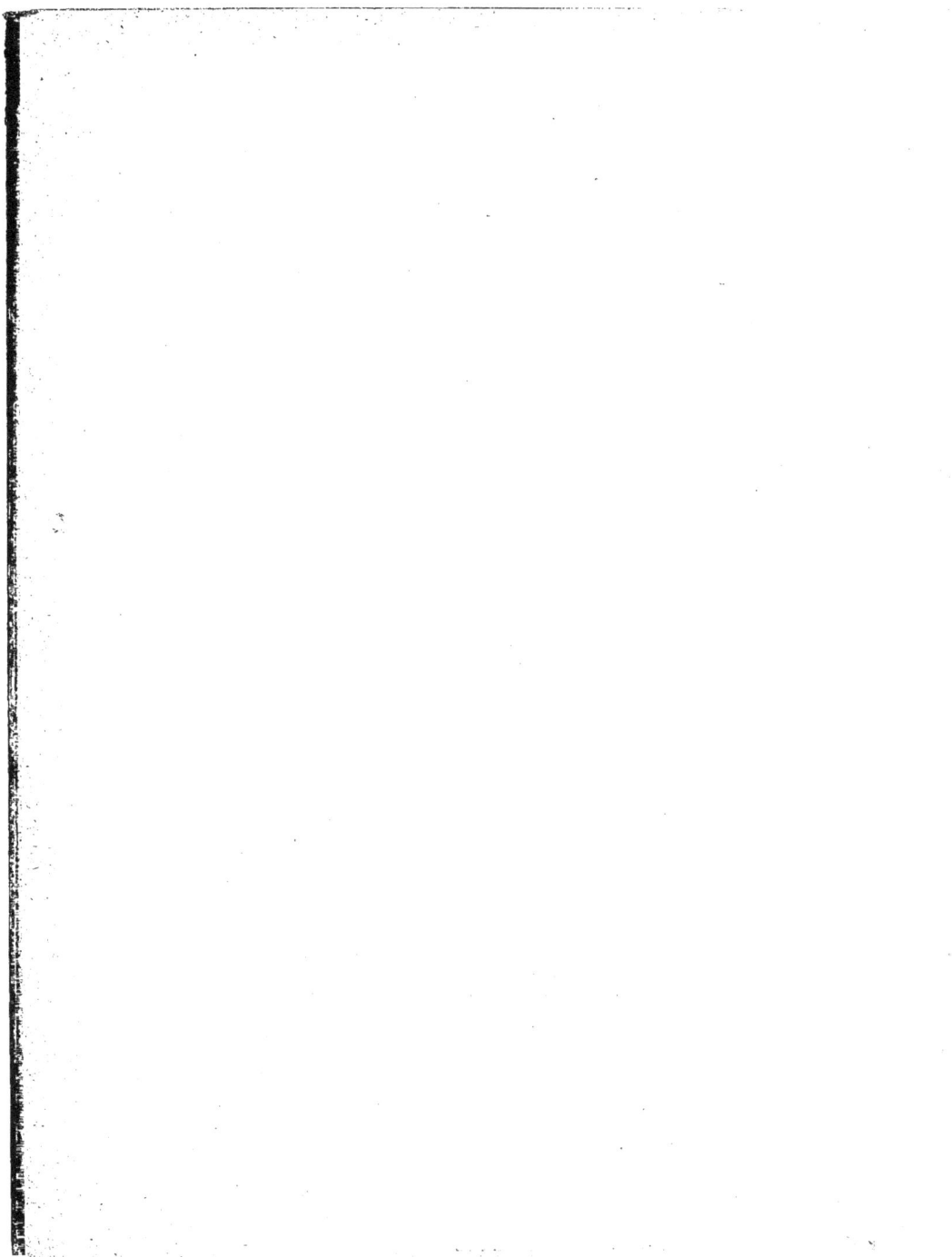

COMPOSITION

DE

DROIT CRIMINEL

Du concours d'infractions. Son influence sur l'application de la
peine et sur l'exercice de l'action publique.

Le concours d'infractions nous met en présence de l'hypothèse
de pluralité d'infractions commises par un seul agent. Un individu
peut avoir accompli plusieurs infractions séparées les unes des
autres par des condamnations devenues irrévocables ; c'est l'hypothèse de la récidive. Mais il peut avoir aussi commis une série
d'infractions avant que la justice pénale ait pu l'atteindre, le frapper irrévocablement d'une peine pour la première ou les pre-
mières d'entr'elles ; il n'y a plus récidive, mais concours d'infractions. Dans cette hypothèse, il y a plusieurs faits matériels constituant chacun une infraction à la loi pénale ; aussi la désigne-t-on
dans la doctrine sous le nom de concours matériel ou réel d'infractions. Mais un même fait matériel peut tomber sous l'application de divers articles du code pénal, constituer plusieurs infractions juridiques ; le fait de tuer quelqu'un, matériellement unique,
peut-être qualifié juridiquement meurtre, homicide par imprudence ; le fait de se servir d'un document falsifié peut constituer
en même temps l'usage de faux et l'escroquerie, tomber par conséquent à la fois sous l'application des articles 148 et 405 du Code
pénal. Il y a alors ce que la doctrine appelle un concours ou
cumul idéal d'infractions, par opposition au concours matérie

supposant deux faits matériels réellement distincts. En général l'expression technique de concours d'infraction sest réservée par la doctrine à la première hypothèse dont nous allons nous occuper principalement, réservant l'étude de la seconde qui sera faite dans un appendice.

L'hypothèse du concours matériel d'infractions doit être encore distinguée de ce qu'on a appelé le délit collectif par l'unité du but. Il s'agit du cas où une personne commet plusieurs faits matériels constituant chacun une infraction juridique distincte, mais dans un même but ; par exemple, elle commet une escalade, une effraction, un meurtre pour voler (1). En principe, l'unité de but, en dehors d'une disposition spéciale de la loi, ne change rien aux règles ordinaires de la pénalité ; l'individu doit être poursuivi et puni pour chaque infraction ; il pourra y avoir seulement quelques dérogations aux règles de la procédure à raison du lien qui unit ces infractions par exemple, une prorogation de compétence. Mais parfois, la loi intervient et réunit ces faits matériels en une seule infraction juridique, par exemple, en faisant de l'une une circonstance aggravante de l'autre. Ici, s'il y a pluralité de faits matériels, il y a unité d'infraction juridique ; nous ne sommes pas en présence du concours d'infractions.

Cette dernière hypothèse de *plusieurs* faits matériels constituant *plusieurs* infractions juridiques, commis successivement sans être séparés par des condamnations irrévocables, soulève un problème de pénalité très grave. Comment traiter au point de vue pénal le coupable ? Faut-il regarder ces infractions comme indépendantes, le poursuivre et le punir pour chacune d'elles comme si elles étaient isolées, lui appliquer cumulativement les peines dont chacune d'elles est frappée par la loi ? Faut-il, au contraire, tenir compte de ce lien qui unit les infractions, de ce que la justice pénale ne l'a pas frappé immédiatement après chacune d'elles pour adoucir sa situation pénale ? Et si oui, dans quelle mesure opérer cet adoucissement ? Cette question de principe résolue,

(1) Le manuscrit porte « tuer ».

reste à en voir l'application pratique. A quelles conditions y aura-t-il concours d'infractions ? Comment le juge appliquera-t-il en fait le principe posé du cumul ou de la mitigation ? Comment le ministère public devra-t-il en tenir compte quand il exercera son action contre l'infracteur ?

Nous allons examiner ces questions dans deux parties distinctes.

I. — Principe adopté par le législateur français en matière de concours d'infractions.

II. — Fonctionnement de ce principe, soit quant à l'application de la peine, soit quant à l'exercice de l'action publique.

PREMIÈRE PARTIE

PRINCIPE ADOPTÉ PAR LA LOI FRANÇAISE

C'est dans le Code d'instruction criminelle, article 365, que se trouve, à propos de la procédure devant la cour d'assises, posé le principe, le législateur réparant ainsi un oubli, car ce principe de fond eût dû faire l'objet du Code pénal.

« En cas de conviction de plusieurs crimes ou délits, la peine la plus forte sera seule prononcée ».

Notre législateur prend ainsi parti dans la question soulevée en adoptant le système de l'absorption de la peine la plus faible par la plus forte. C'est un adoucissement de la peine. Tandis que l'individu condamné une première fois, qui commet une nouvelle infraction, est puni plus sévèrement par le législateur à titre de récidiviste (Code pénal 56 et suivants, loi du 27 mai 1885 sur la relégation), celui qui, après avoir commis une première infraction, et n'ayant pas encore été condamné irrévocablement, en commet une seconde, trouvera dans cette circonstance la cause d'une indulgence plus grande de la part de la société. Mérite-t-il cette indulgence ? Et pourquoi ? Telle est la question qu'il faut résoudre si l'on veut s'expliquer, justifier ou critiquer la solution de notre

droit pénal. Nous devons pour cela remonter aux principes fonda-
mentaux de la pénalité.

La peine est destinée à donner satisfaction à plusieurs besoins
sociaux. La société a besoin de vivre, de se développer ; elle ne le
peut si les individus dont elle forme l'ensemble se voient à chaque
instant menacés dans leur sécurité, d'être privés des conditions
nécessaires à leur existence et à leur progrès. La peine, c'est-à-dire
la souffrance, le mal infligé à celui qui cause un trouble social
arrêtant le développement normal de la société et des individus,
est donc une sanction nécessaire des ordres et des défenses posés
par la loi dans le but d'assurer le maintien de cet ordre. En même
temps que la peine est nécessaire, elle est utile parce qu'elle
intimide ceux qui seraient tentés d'imiter le coupable ; et l'on
connaît la contagion facile du mal, et le développement spécial des
lois de l'imitation dans cette sphère. Elle est utile encore parce
qu'elle empêche le coupable de recommencer, soit par la crainte
d'un second châtiment semblable au premier, soit par l'amende-
ment que le premier châtiment aura procuré. Elle est utile enfin
parce qu'elle donne satisfaction à l'opinion publique, en la rassu-
rant d'une part et, d'autre part, en la maintenant dans un certain
degré d'idéal moral : en marquant au coin de la réprobation sociale
tel ou tel acte mauvais, elle rassure la conscience publique alarmée
dont elle se fait l'écho, elle contribue à maintenir dans la masse
la distinction du bien et du mal qui tend malheureusement trop
souvent à s'atténuer sous des influences multiples. La peine, en
même temps qu'elle est utile doit être juste ; c'est-à-dire, non pas
répondre à une justice idéale difficile à atteindre, mais au sentiment pratique du juste que nous avons tous, ce qui se traduit par
l'idée que d'une part, le coupable doit expier sa faute, d'autre part,
cette expiation doit être proportionnée à la faute.

Si l'on applique ces principes trop brièvement résumés au problème qui nous occupe, on serait tenté de croire tout d'abord que
la seule solution qui en soit la juste expression soit celle du cumul
des peines (1). Si la peine est une sanction du mal commis, chaque

(1) Le manuscrit porte « de la »

infraction exige cette sanction. Si la peine doit être intimidante pour le coupable et pour ses imitateurs, elle manquera son effet si ce coupable est assuré de l'impunité pour l'une de ses infractions ; au contraire, il n'osera faire le mal et on n'osera l'imiter, si l'on sait qu'à chaque infraction correspondra une peine. L'idée d'expiation appelle également une peine pour chaque infraction, et aussi l'idée de justice morale ; il est juste que chaque faute soit réprimée. Et l'opinion publique ne serait pas satisfaite, elle ne serait pas rassurée, elle serait étonnée de ce que le législateur fit de la pluralité d'infractions chez un agent, ce qui dénote chez lui une perversité particulière, une cause d'atténuation.

En réalité cependant, le système qui consiste à punir chaque infraction d'une peine et à en permettre le cumul n'est ni utile, ni juste, ni même possible. Il se heurte d'abord à des impossibilités matérielles, lorsque les deux infractions seront punies toutes deux de la peine de mort ou de peines perpétuelles, ou de peines temporaires dont la durée totale excède celle de la vie humaine. Il se heurte à des impossibilités morales lorsque, bien qu'il soit matériellement possible de faire exécuter les deux peines, cette double exécution serait barbare, par exemple travaux forcés à temps et peine de mort. Cet obstacle moral que rencontre le système du cumul est en même temps la preuve que la théorie n'est pas juste, c'est-à-dire ne répond pas à ce sentiment pratique de la justice dont est doué l'ensemble de notre société. Il n'est pas juste en effet de punir un individu qui a commis plusieurs infractions sans avoir été averti, après avoir commis la première, du châtiment qu'elle entrainait. Seulement, si cela n'est pas juste, reste à traduire juridiquement pourquoi cela n'est pas juste. C'est ici qu'il faut se défier de systèmes trop précis, inexacts et dangereux.

On pourrait dire que la société, en ne poursuivant pas le coupable pour sa première infraction, a commis une faute dont elle doit supporter les conséquences. Elle ne l'a pas averti ; elle a été négligente ; de cette faute nait une obligation pour elle, obligation de limiter ses poursuites, de ne pas frapper aussi fort qu'elle l'eût pu, si elle avait été diligente. Le non cumul de la peine est l'objet pour la société d'une obligation fondée sur l'idée de faute. — Système inexact, car la société peut n'être pas en faute de n'avoir pas poursuivi l'infraction au cas où un obstacle de droit ou de fait arrêtait sa poursuite. Inexact en outre parce qu'il est des infractions pour lesquelles l'individu n'a pas besoin d'être averti par le corps social qu'il ne doit pas les commettre ; il ne peut arguer de son ignorance, le sens moral le plus obscurci ne permettant pas de douter de leur caractère mauvais. Système dangereux, car il conduit à donner à l'individu un droit contre la société, à faire du non cumul l'exercice d'un droit individuel, alors que c'est tout au plus l'expression d'un devoir social.

Pour nous, c'est sur l'idée de solidarité sociale et morale que repose la règle du non cumul. La société n'a pas commis de faute, l'individu n'a pas de droit ; mais la société doit poursuivre et punir toute infraction ; si elle ne le fait pas et que l'infracteur en profite pour commettre une seconde infraction, c'est là un fait dont tous les membres [du corps] (1) social doivent subir les conséquences ; il y a là un fait plus fort que le droit ; le coupable n'a pas été poursuivi, il serait trop cruel de lui infliger deux peines ; donc la société a le devoir de ne pas les lui infliger.

Mais reste à savoir dans quelle mesure la société doit être moins rigoureuse, moins sévère. C'est ici que l'idée de sanction, d'utilité, d'intimidation individuelle et générale reprend sa force et doit nous conduire à repousser, avec la plupart des législations, le système français. Appliquer seulement la peine la plus forte, c'est donner une prime à l'impunité, c'est assurer au coupable la possibilité d'accomplir, sans être inquiété, tous les délits moins graves que celui qu'il a commis. On devra donc, si l'on n'applique pas les deux peines, ne pas se contenter d'une peine unique, la plus forte, mais adopter un système mixte dont le résultat sera de punir l'individu moins sévèrement que si les deux infractions avaient été chacune jugées à temps, mais plus sévèrement que s'il n'en avait commis qu'une, la plus grave. On aboutira à ce résultat par des procédés pratiques différents : tantôt en faisant de la circonstance du concours d'infractions une circonstance aggravante de l'infrac-

(1) Mots ajoutés dans le manuscrit.

tion la plus grave ; tantôt en obligeant le juge à appliquer le maximum de la peine et même à élever ce maximum ; tantôt en lui défendant d'appliquer les circonstances atténuantes.

Le système de notre législation pénale, pourtant si utilitaire, ne peut s'expliquer que par l'incertitude de notre ancienne législation sur ce point, laquelle appliquait peut-être le principe du non cumul, et de notre droit intermédiaire ; conjecture appuyée encore sur ce fait que le principe, non posé dans notre Code pénal, a été posé hâtivement et en passant presque inaperçu dans la matière de la procédure en cour d'assises.

C'est le fonctionnement de ce principe que nous allons maintenant étudier.

SECONDE PARTIE

FONCTIONNEMENT DU PRINCIPE

Deux questions se posent :

1° Quand y a-t-il concours d'infractions donnant lieu à l'application du principe du non cumul ?

2° Quels sont les effets du concours d'infractions ? — Du non cumul.

I

Quand y a-t-il concours d'infractions ?

Pour qu'il y ait concours d'infractions donnant lieu à l'application du principe de l'article 365 du Code d'instr. crim. deux conditions doivent se trouver réunies : 1° l'existence de deux ou plusieurs infractions ; 2° non séparées par une condamnation devenue irrévocable.

A). — PLUSIEURS INFRACTIONS. — Il faut plusieurs infractions. S'il n'y en avait qu'une, c'est-à-dire s'il n'y avait qu'un fait matériel pouvant constituer plusieurs infractions, il n'y aurait pas con-

D.

cours d'infractions, mais concours idéal régi par d'autres principes.

a. — Il faut que ces faits constituent des infractions. Or l'infraction est tout fait prévu et puni par la loi pénale. Il n'y aura pas
de concours d'infractions donnant lieu à l'application de l'article
365, lorsque l'un des deux faits (nous prenons comme type l'hypothèse de deux infractions, la plus simple) ne sera pas prévu ou
puni par la loi pénale.

1° Il doit être *prévu* par la loi pénale. Une faute professionnelle
donnant lieu à une poursuite disciplinaire ne constitue pas une infraction. Il y aura donc cumul possible de peines applicables par
exemple à un officier public, un fonctionnaire, un officier ministé-
riel qui aurait commis successivement deux faits, l'un prévu et
puni seulement par ses règlements professionnels, l'autre prévu et
puni par la loi pénale. De même, la faute civile ne constituant pas
une infraction peut donner lieu à une réparation civile, en même
temps qu'un délit qui aurait été commis par la même personne
donnerait lieu à l'application d'une peine.

2° Il doit être *puni* par la loi pénale. S'il ne l'est pas ou ne
l'est plus, il n'y aura pas lieu à concours d'infractions.

L'un des deux faits n'est *pas* puni. C'est par exemple la sous-
traction entre époux que la loi exempte de peine. Si cet époux
commet un autre délit, il peut être poursuivi et puni sans que le
principe de l'art. 365 trouve lieu à s'appliquer. La question serait
peut être plus délicate pour le mineur acquitté comme ayant agi
sans discernement, mais envoyé dans une maison de correction.
S'il commet un second délit avant que celui qui a donné lieu à
l'envoi dans la maison de correction soit poursuivi ou jugé irrévocablement, s'il est ensuite jugé pour ce deuxième délit, et, par
exemple, à nouveau acquitté et envoyé en correction pour un certain nombre d'années, pourra-t-on ajouter à ces années celles
prononcées par la première juridiction ? S'il est condamné pourra-
t-on, à l'expiration de sa condamnation, appliquer l'envoi en correction ? Nous croyons que, l'envoi en correction n'étant pas une
peine, la loi disant que le mineur est *acquitté*, art. 66 Code pénal,
il n'a pas commis une infraction, l'infraction étant tout acte défendu
sous menace d'une peine ; le cumul est donc possible.

Si le fait n'est *plus* puni par la loi pénale, s'il est effacé comme infraction, il n'y a pas non plus concours d'infractions permettant d'appliquer l'article 365.

Il en sera ainsi au cas où l'un des faits aura été l'objet d'une amnistie, de la prescription de l'action ou de la peine. Par exemple, un fait puni de réclusion ayant été amnistié avant poursuite ou jugement irrévocable, la personne coupable de ce fait pourra être poursuivie pour un autre fait délictueux et la peine applicable à ce fait pourra être prononcée contre elle, qu'elle soit plus ou moins grave que la peine applicable à la première infraction.

b — Mais ce ne sont pas toutes les infractions qui donnent lieu à l'application du principe du non cumul. La loi distingue suivant leur nature, et semble distinguer suivant les juridictions qui sont appelées à en connaitre.

1° Quant à leur *nature*, la loi, c'est là un premier point acquis, met à part les contraventions. Ce n'est qu'au cas où les deux infractions commises constituent toutes deux des crimes, toutes deux des délits, ou l'une un crime, l'autre un délit, que s'applique le principe du non cumul. Au contraire la peine applicable à une contravention se cumule avec celle applicable au crime ou au délit, les peines applicables à deux contraventions se cumulent entr'elles. Ce point est certain en jurisprudence (V. notamment Cass., Ch. réunies 7 juin 1842) ; et le texte de la loi, en disant « en cas de conviction de plusieurs crimes ou délits », imposait cette solution qui se justifie d'ailleurs par le caractère peu grave des peines applicables aux contraventions dont le cumul ne heurte en rien ce sentiment de justice qui est le fondement du principe du non cumul.

Restreinte aux crimes et délits, l'application du principe du non cumul soulève plusieurs difficultés. Tout crime ou délit tombe-t-il sous l'application de l'article 365 ?

La jurisprudence ne pose pas le principe dans sa généralité : Deux conditions, d'après elle, sont nécessaires pour que les crimes et délits, soient soumis à l'article 365 : 1° que les crimes et délits soient prévus par le Code pénal ; 2° que les crimes et délits, même prévus par le Code pénal ne constituent pas des délits contraventionnels.

Les crimes et délits doivent être prévus par le Code pénal par opposition, d'une part, aux crimes et délits prévus par des lois antérieures à la promulgation du Code, et, d'autre part, aux crimes et délits prévus par des lois spéciales. Elle apporte à la première solution un tempérament lorsque, parmi les peines cumulativement appliquées, il s'en rencontre de postérieures à la promulgation du Code. On peut se demander si cette jurisprudence est fondée, tout d'abord en face du texte absolu de l'article 365 et ensuite du principe que tout texte doit être interprété en faveur du délinquant et non contre lui. La jurisprudence restreint l'application du texte qui semble absolu, et dans le sens d'une sévérité plus grande par l'admission du cumul. Remarquons cependant qu'elle peut s'appuyer sur certains textes de lois spéciales appliquant le principe du non cumul, par exemple, l'article 17, § Ier de la loi sur la chasse de 1844, ce qui semblerait impliquer a *contrario* que le cumul existe pour tous les délits prévus par des lois spéciales qui n'ont pas ajouté un article analogue à l'article 365. Mais outre que l'argument a *contrario* n'est probant que quand il ramène au principe, ici en question, on pourrait sans difficultés trouver des textes de lois dont on tirerait argument en sens contraire.

La jurisprudence applique également la théorie du cumul aux délits contraventionnels. Certains délits, punis de peines correctionnelles, infractions aux lois de douane, d'octroi, de contributions indirectes, forestières, le sont, indépendamment de l'intention de l'auteur du fait. Aussi, à ce point de vue, se rapprochent-elles des contraventions pour lesquelles la nécessité d'une intention mauvaise n'est pas, le plus souvent, exigée par la loi. La jurisprudence était partie de cette idée pour faire de ces délits une classe spéciale, la classe des délits contraventionnels, participant à la fois des délits par la peine qui leur était applicable, des contraventions par leur nature, et qu'elle soumettait tantôt aux règles sur les délits, tantôt aux règles sur les contraventions. Au point de vue qui nous occupe en particulier, elle considérait ces infractions comme des contraventions, échappant par conséquent à la règle de l'article 365. Cette jurisprudence, fortement combattue, était en opposition avec l'article Ier du Code pénal d'après lequel l'infraction que les *lois* punissent de peines correctionnelles est un délit. Les infractions aux lois précitées étant punies de peines correctionnelles rentrent donc, d'après l'article Ier, dans la catégorie des délits. Cette jurisprudence a été abandonnée. Et aujourd'hui, l'application du cumul des peines à cette catégorie d'infractions ne peut plus être le résultat d'un système condamné par la jurisprudence elle-même. Mais l'idée de cumul peut cependant être soutenue, et elle l'est en pratique, au moins quand la peine applicable à ces infractions est une amende, par application de l'idée que les amendes fiscales constituent moins des peines que la réparation du préjudice causé par l'infraction. Si ce point de vue est exact et nous n'avons pas à le discuter ici, l'amende fiscale se rapproche singulièrement des dommages-intérêts, et, par conséquent, de même que le Trésor peut obtenir cumulativement deux condamnations à des dommages-intérêts contre celui qui a commis à son détriment une faute lui portant préjudice, de même il peut obtenir condamnation à deux amendes que l'infracteur, qui est plutôt ici un débiteur, devra payer cumulativement.

2° Quant aux *juridictions compétentes*, on a essayé encore de restreindre le champ d'application de la règle du non cumul, en faisant remarquer que la loi, ne posant cette règle que pour les crimes et délits relatifs aux matières criminelles, puisque l'art. 365 est placé au titre II du livre III portant : « Des affaires qui doivent être soumises au jury. »

La jurisprudence, après quelque hésitation, a depuis longtemps décidé, et la doctrine est d'accord avec elle sur ce point, que la règle de la prohibition du cumul, principe de fond dominant toute notre législation pénale, ne pouvait dépendre de la juridiction devant laquelle étaient postées les infractions pouvant donner lieu à son application ; elle l'applique donc aux matières correctionnelles comme aux matières criminelles.

B). — Les deux infractions ne doivent pas être séparées par une condamnation devenue irrévocable, c'est-à-dire non susceptible de voies de recours. Sinon, il y a place pour la récidive et non pour l'application du principe de non cumul.

Ces deux conditions réunies, il y a concours d'infractions. Quels vont être les effets de ce concours ?

II

Effets du concours d'infractions.
— Du non cumul des peines. —

A. — SON INFLUENCE SUR L'APPLICATION DE LA PEINE. — Nous supposons d'abord, pour plus de simplicité, qu'une personne a commis successivement deux infractions, deux vols, un meurtre et un vol, successivement, sans que l'action publique ait été mise en mouvement à raison du premier délit, dans l'intervalle qui sépare leur exécution. L'auteur de ces deux infractions est poursuivi en même temps pour ces deux infractions ; il comparait devant la juridiction chargée d'en connaitre, et est reconnu coupable des deux infractions. Quelle peine va-t-on lui appliquer ?

L'article 365 Code inst. crim. nous répond : « La peine la plus forte sera seule prononcée. »

Il faut tout d'abord retenir de cette formule ceci : à savoir que la juridiction saisie des deux infractions doit prononcer la peine la plus forte. C'est donc uniquement quand il s'agira de prononcer la peine, qu'il y aura lieu à application du principe du non cumul. Le principe n'a aucune influence sur la déclaration de culpabilité. Cette remarque est très importante lorsque le coupable sera traduit en cour d'assises. Devant cette juridiction en effet, la question de culpabilité et la question de prononciation de la peine, sont tout à fait distinctes ; c'est le jury qui doit se prononcer sur la première ; c'est la cour qui doit résoudre la seconde. Par conséquent, lorsque la chambre des mises en accusation aura renvoyé devant la cour d'assises l'accusé à raison de deux crimes, le président de la cour ne pourra se dispenser de poser au jury les questions se rattachant à ces deux crimes, sous prétexte que si le jury se prononce affirmativement sur l'un, la déclaration de culpabilité quant à l'autre est inutile. Plus pratiquement, il ne pourra arrêter le chef du jury qui aura fait les déclarations sur le premier crime, sous prétexte qu'à raison du non cumul des peines, il est inutile au chef du jury d'achever la lecture des déclarations relatives au second. Quand la juridiction saisie des deux infractions est un tribunal correctionnel, le tribunal ne doit pas, sous prétexte du défaut d'intérêt que présente l'une des infractions à raison du non cumul des peines, s'abstenir de juger l'une des infractions, de se prononcer sur la culpabilité de l'individu. Saisi par l'exercice de l'action publique, le tribunal a toute sa liberté d'appréciation relativement à la culpabilité ou à la non culpabilité du prévenu ; mais il doit émettre cette appréciation sous forme d'un jugement.

Mais il semblerait que, la culpabilité une fois affirmée, le tribunal ou la cour n'eussent plus qu'une chose à faire : prononcer la peine la plus forte. S'il en était ainsi, l'individu reconnu coupable de deux infractions verrait seulement l'une de ces infractions, celle qui mérite la peine la plus forte, être munie d'une peine. L'autre déclaration de culpabilité serait purement platonique, n'étant accompagnée d'aucune prononciation de peine ; il n'y aurait qu'une seule condamnation à raison de plusieurs infractions. Ce système semble parfois pratiqué, au moins dans la forme, par les tribunaux ; il semble s'appuyer sur le texte même de l'article 365 qui dit : « La peine la plus forte sera seule prononcée. »

Nous croyons cependant que cette manière de procéder n'est pas conforme aux principes généraux de notre droit et qu'elle est dangereuse. Le législateur, en prohibant le cumul des peines, n'a pas voulu prohiber le cumul des condamnations, il a voulu seulement éviter qu'un individu qui a commis plusieurs infractions, ne *subît* les peines applicables aux deux infractions ; il a voulu, par exemple, lui éviter de subir un nombre d'années de prison en disproportion avec le degré de sa culpabilité générale. Ce but est suffisamment atteint quand la juridiction, après avoir condamné l'individu à deux peines, à raison de deux infractions, ajoute que les deux peines se confondront en une seule jusqu'à concurrence de tel chiffre, ou que, la seconde peine seule sera appliquée, la première restant lettre-morte quant à son application pratique et matérielle. Cette solution nous semble en outre conforme à cette idée que ce qui caractérise dans notre droit pénal l'infraction, c'est la peine qui lui est attachée. C'est par la peine que la loi définit et classe l'infraction. L'article Ier du Code pénal le dit expressément. Or, il est certain d'autre part, que la loi n'a pas voulu, au cas de concours d'infractions, que l'une d'entr'elles, celle méritant la peine la moins grave, soit passée sous silence par la juridiction, qu'elle soit considérée comme non avenue ; l'infraction existe, comme *entité* juridique, la loi n'entend nullemement la supprimer, et, par conséquent, puisque l'infraction n'existe et n'est caractérisée que par la peine qui lui est applicable, il faut nécessairement qu'à chaque infraction corresponde une peine qui constitue pour ainsi dire son étiquette, qui lui donne son nom. Cette conception générale de notre législation nous semble appliquée très heureusement dans la loi du 26 mars 1891 qui, voulant faire échapper le délinquant primaire à l'application de la peine, c'est-à-dire poursuivant, en un certain sens, un but analogue à celui du principe du non cumul, ne dit pas qu'il y aura simple déclaration de culpabilité, sauf à condamner plus tard, mais, au contraire, qu'il sera condamné immédiatement à une peine dont l'application n'aura lieu que sous certaines conditions.

La conception contraire est en outre dangereuse, car elle conduirait à ne pas tenir compte d'une condamnation qui, si elle n'a pas pour effet l'application de la peine qui se cumulera avec une autre, peut cependant produire certains effets. La juridiction saisie devrait donc prononcer les deux peines, et par là définir les deux infractions, elle devrait ensuite dire que les deux peines ne se cumuleront pas ou se cumuleront seulement dans la mesure de la peine la plus forte dont le maximum ne devrait pas être dépassé.

Reste à savoir quelle est la peine la plus forte ? C'est dans le texte de la loi qu'il faut chercher la réponse. Une peine criminelle sera plus forte qu'une peine correctionnelle, celle-ci qu'une peine de simple police. Entre deux peines de même nature, leur situation sur l'échelle légale détermine leur gravité, la peine la plus grave étant celle du degré supérieur, sans qu'il y ait, croyons-nous, à distinguer entre les peines politiques et les peines de droit commun. Entre deux peines de même nature et de même degré, le maximum déterminera leur gravité respective.

Le juge doit déclarer la culpabilité ; il doit condamner l'inculpé pour chaque infraction, il doit prononcer deux peines. Mais la peine la plus forte sera seule appliquée. Cette formule dont nous venons essayer de donner la justification nous conduit à une double conséquence : 1° Les deux condamnations existent ; 2° La peine la plus forte est seule appliquée.

De la première idée il résulte que les effets attachés à la condamnation, dérivant directement de la condamnation, subsistent, malgré la règle du non cumul. D'où, et c'est la solution de la jurisprudence, les peines accessoires qui sont une conséquence de la condamnation ne seront pas soumises à la règle du non cumul, car peu importe que la peine principale soit ou non appliquée, leur caractère est précisément d'être indépendantes de l'application de la peine principale. Il en est ainsi de la dégradation civique, de l'incapacité de disposer et recevoir à titre gratuit, de la nullité du testament antérieur. Quant à l'interdiction légale cependant, comme elle n'est subie que pendant la durée de la peine principale, ceci suppose que la peine principale elle-même est subie, appliquée ; cette peine accessoire n'échappe donc pas au non cumul.

Du principe que la condamnation subsiste on conclura encore qu'elle devra être mentionnée au casier judiciaire, qu'elle pourra être effacée soit par une réhabilitation, soit par une amnistie. Seulement, par la force des choses, certaines conséquences de l'idée de condamnation ne s'appliqueront pas ; par exemple, au point de vue de la récidive, pour déterminer l'aggravation prévue par le Code pénal, soit l'application de la relégation, les deux condamnations ne compteront que pour une seule qui sera déterminée par la peine la plus forte.

De la seconde idée il résulte que le coupable ne devra subir que la peine la plus forte déterminée soit par sa nature, soit par son degré, soit par son maximum.

Quant aux peines complémentaires, nous leur appliquerons le principe du non cumul, la peine complémentaire étant, comme son

nom l'indique, complément de la peine principale ; celle-ci n'étant pas appliquée, il n'y a pas à appliquer la peine complémentaire.

B. — Son influence sur l'exercice de l'action publique. — Il est possible que l'action publique ait été intentée ou que la condamnation soit intervenue relativement à une première infraction, et qu'on découvre ensuite une seconde infraction qui soit poursuivie ou jugée seulement après la poursuite ou le jugement intervenue sur la première. Le fait que la seconde infraction que l'on poursuit est concurrente à la première va-t-il modifier, et en quoi, l'exercice de l'action publique ?

Il faut faire une distinction.

I. — La seconde infraction est découverte avant que la première infraction ait été jugée définitivement.

Un texte prévoit cette hypothèse dans un cas spécial, c'est l'article 379 C. instr. crim.

Il suppose que, pendant les débats qui auront précédé l'arrêt de condamnation, l'accusé aura été inculpé sur d'autres crimes que ceux dont il était accusé. Si ces crimes méritent une peine plus grave ou si l'accusé a des complices en état d'arrestation, la cour ordonnera qu'il soit poursuivi à raison de ces nouveaux faits suivant les formes prescrites par le Code. Si la poursuite a lieu au contraire devant un tribunal correctionnel, nous ne croyons pas que le tribunal doive surseoir, il doit juger, le concours d'infractions ne pouvant être un obstacle à l'exercice de l'action publique et au fonctionnement des juridictions ; le tribunal qui interviendra ensuite prononcera une seconde condamnation en observant la règle de l'article 365. C'est ce qui arrivera également en cour d'assises quand le crime découvert ne méritera pas une peine plus grave et que l'accusé n'aura pas de complice en état d'arrestation.

II. — La seconde infraction est découverte lorsque la première a été jugée.

1° Si le premier jugement est intervenu pour prononcer la peine la moins forte, la seconde poursuite est possible sans difficultés.

2° Si le premier jugement est intervenu pour prononcer la peine la plus forte de deux choses l'une :

Ou il n'a pas épuisé la pénalité, il n'a pas prononcé le maximum et alors la seconde poursuite est possible, la seconde juridiction condamnera et ordonnera l'application de la peine jusqu'à concurrence du maximum de la peine la plus forte.

Ou il a épuisé la pénalité en prononçant le maximum, et alors la question est très controversée de savoir si l'action publique peut être intentée. La question très débattue semblait purement théorique. On en a vu le caractère pratique dans une hypothèse qui s'est présentée devant la Cour d'assises de la Seine en 1880. Un individu avait été condamné à la peine de mort; il obtint la commutation de sa peine ; on découvrit ensuite une nouvelle infraction qui méritait la peine de mort. Devait-on le poursuivre? Si l'action publique ne pouvait plus être intentée, la Cour devait l'absoudre à raison de la non recevabilité de l'action publique et le condamner seulement aux frais. Si l'action publique pouvait être exercée, le jury l'ayant déclaré coupable, la Cour devait le condamner. La question n'est donc pas dénuée d'intérêt pratique ; elle en a encore si l'on décide que la première condamnation peut produire certains effets, indépendamment de l'application de la peine principale, par exemple pour les peines accessoires. Nous croyons qu'il faut admettre que la question de la pénalité ne met pas obstacle à l'exercice de l'action publique. Nulle part dans la loi nous ne voyons que l'action publique s'éteigne par l'effet d'un premier jugement de condamnation en cas de concours d'infractions. De plus, il est de l'intérêt, et de la société, et de l'inculpé lui-même, et du particulier lésé par l'infraction de pouvoir : la première, exercer, le second, laisser exercer, le troisième mettre en mouvement l'action publique ; la société pour obtenir l'affirmation de la culpabilité et la condamnation, l'inculpé pour prouver son innocence, le particulier lésé pour, par l'action civile, obtenir une condamnation à des dommages-intérêts plus favorisé que s'il les obtenait par l'action de l'article 1382, notamment quant aux garanties de paiement que la loi pénale attache aux condamnations prononcées par les juridictions répressives, et qui lui feront défaut, s'il agit, en se fondant sur une simple faute civile.

Reste, lorsque deux juridictions se sont prononcées sur deux infractions : 1° à interpréter leur décision quant au point de savoir dans quelle mesure elles ont entendu appliquer les deux peines ; 2° si elles ont ignoré l'existence d'une infraction concurrente et ont prononcé chacune une peine entièrement applicable, existe-t-il des voies de recours, ou le condamné devra-t-il subir les deux peines ?

Sur la seconde question, nous croyons que le condamné doit subir les deux peines en vertu du principe de l'autorité de la chose jugée qui couvre les incorrections survenues dans la sentence judiciaire (1) sans que la Cour de cassation ait le droit sur la demande du ministère public ou du condamné de reviser la sentence. Le Chef de l'État pourra exercer son droit de grâce.

Sur la première, nous croyons que c'est à la juridiction qui a prononcé la dernière condamnation, ou à la juridiction sur la décision de laquelle plane le doute, à l'interpréter.

Le concours d'infractions doit être encore examiné dans son application aux complices. La peine applicable (2) à l'infraction à laquelle a participé le complice doit lui être seule appliquée. C'est encore ici un des avantages de l'application de la théorie qui veut deux condamnations à deux peines. On détermine alors facilement la peine applicable au complice. Il y a au contraire de grandes difficultés quand la juridiction ne prononce qu'une peine pour savoir dans quelle mesure la répartir entre les deux infractions ; c'est dans cette mesure seulement qu'il faut l'appliquer au complice.

APPENDICE

CONCOURS IDÉAL D'INFRACTIONS

Le Code pénal ne s'occupe point de cette hypothèse. Et il est bien évident qu'on ne saurait songer à punir deux fois ce fait, bien

---

(1) Lorsque, bien entendu, il n'y a plus de voies de recours ouvertes pour faire tomber la décision violant le principe de l'art. 365. N-a.

(2) En vertu de la loi, art. 59, C. P., N. a.

que constituant deux infractions distinctes. Il est contraire à toute justice que l'homme soit puni deux fois pour un même acte : *non bis in idem.*

Dans cette hypothèse, l'action publique exercée par le ministère public, pourra se fonder, soit sur l'un, soit sur l'autre des articles du Code pénal, mais la peine applicable au coupable sera celle édictée par le Code pénal, pour le fait prévu par l'article visé dans les actes de poursuite, sans qu'elle puisse être aggravée sous le prétexte que le même fait tombe plusieurs fois sous l'application de la loi pénale. La seule remarque intéressante sur ce concours idéal, c'est qu'il sera parfois possible au ministère public, quand l'action publique, se fondant sur l'un des textes de la loi, aura échoué, de reprendre la poursuite en invoquant l'autre. C'est ainsi qu'une jurisprudence constante permet au ministère public, lorsque le jury aura déclaré un individu non coupable de meurtre, de le poursuivre à nouveau devant le tribunal correctionnel sous l'inculpation d'homicide par imprudence. La solution de cette question dépend d'abord du point de savoir si le ministère public a le droit de reprendre, sous une autre qualification le fait sur lequel a statué le jury. Cette question est très controversée. On se demande si le jury statue sur le fait matériel ou seulement sur sa qualification juridique. Ce n'est que si l'on adoptait la seconde opinion que l'on pourrait donner au concours idéal un intérêt pratique. Car alors seulement, le ministère public pourrait, le jury n'ayant statué que sur un fait juridique, soumettre le même fait matériel, comme autre fait juridique, au tribunal correctionnel, sans violer le principe de l'autorité de la chose jugée.

Devant le tribunal correctionnel, le concours idéal n'a pas d'intérêt pratique, car le tribunal correctionnel doit examiner un fait sous toutes ses faces, sous toutes les qualifications juridiques qu'il est susceptible d'avoir. . . . .

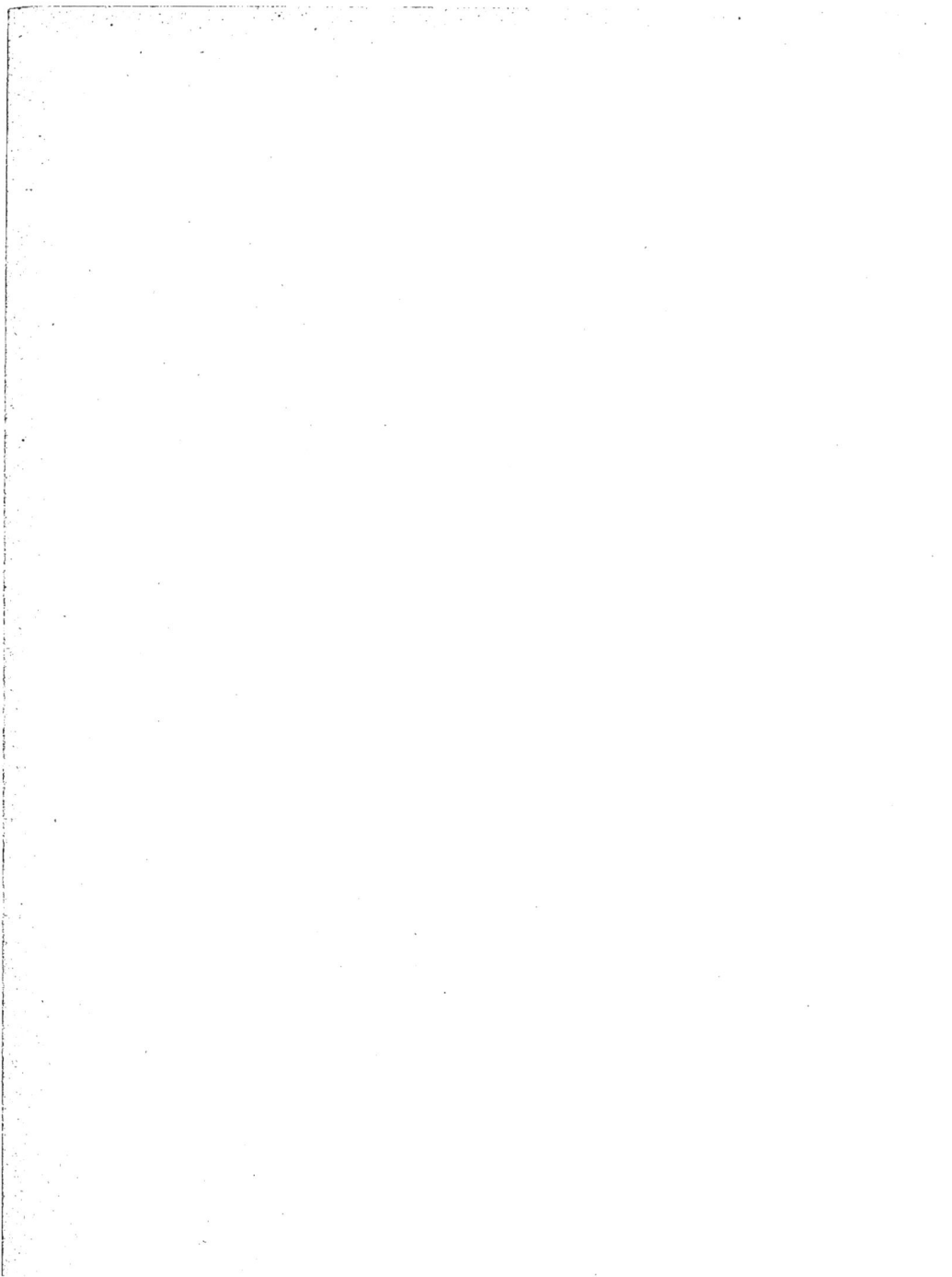

Paris. — Imp. V. Giard et E. Brière, éditeurs, 16, rue Soufflot.

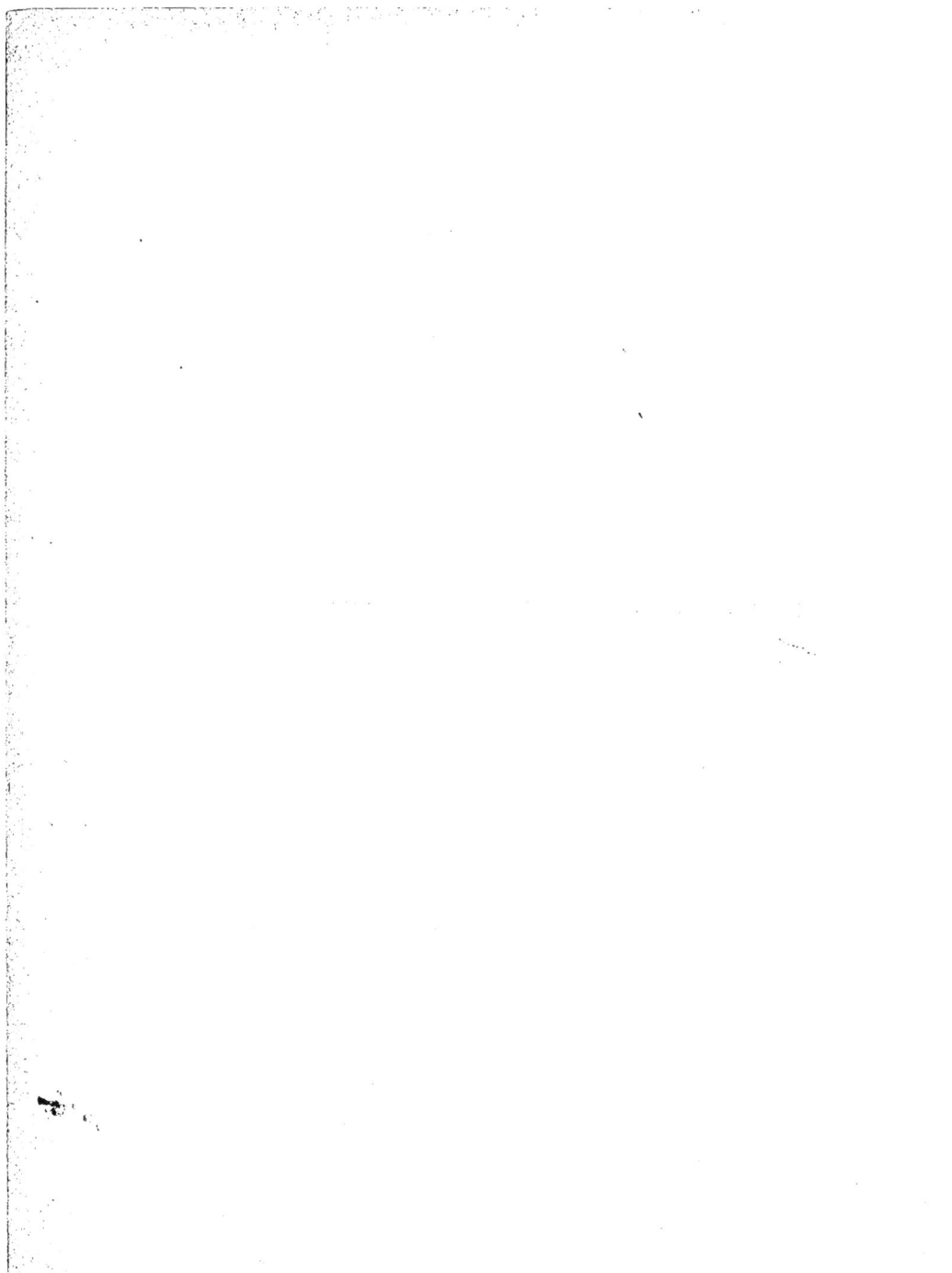

www.ingramcontent.com/pod-product-compliance
Lightning Source LLC
Chambersburg PA
CBHW070147200326
41520CB00018B/5338